BIENTÔT LA 6e

LE *grand* SAUT

...TROP CLASSE

À la mémoire de Gérard Dhôtel
De là-haut, tu continues de m'encourager !

Merci
À mes jeunes sources qui ont donné corps à ce livre,
notamment Raphaël Balensi qui a passé le cap de la 6e
sans encombre et « mon » Raphaël qui s'apprête à le franchir.
À tous les professeurs d'école et de collège pour leurs conseils avisés.

Collection dirigée par Véronique Corgibet

Conception graphique et réalisation : Thomas Hamon

Conforme à la loi n° 49-956 du 16 juillet 1949 sur les publications
destinées à la jeunesse.

ISBN : 978-2-7324-7060-3
Dépôt légal : juin 2015

www.lamartinierejeunesse.fr
www.lamartinieregroupe.com

Texte de Marion Gillot

Illustrations de Sophie Bouxom

Bientôt la 6e

Le grand saut ... trop classe

De La Martinière
Jeunesse

SOMMAIRE

10
11
géo
maths
bio

tout CHANGE !

Tu as entre 8 et 12 ans et, ça y est, tu vas bientôt entrer en 6e ! Il y a plein de choses qui bougent dans ton corps et dans ta tête.

Tu es en train de devenir un collégien...

En classe, tu es parfois ailleurs, dans ton monde. Pendant la récré, tu ne joues plus à chat ou à l'élastique. Tu préfères t'asseoir avec ta bande et parler de musique et de mode.

À la maison aussi, c'est le grand chambardement ! Tu veux choisir tes vêtements et aller à l'école sans tes parents.

Tu as besoin de passer du temps seul dans ta chambre et tu aimerais bien qu'on arrête d'y entrer sans frapper ! Tu presses tes parents de t'acheter un lit de grand et tu veux te débarrasser de tes jouets de petit.

Tu as besoin d'air !

Voilà que ton cœur bat à cent à l'heure quand tu croises l'âme sœur. Pas de doute, tu es amoureux !

Entrer au collège te demandera de faire une croix sur le doux cocon de l'école et de l'enfance. Arriveras-tu à t'adapter à un nouveau lieu et à de nouveaux profs ? Les grands vont-ils t'embêter ? Seras-tu séparé de tes amis ? Tu as mille questions dans ta tête. Et c'est normal ! Mais une fois que tu auras franchi cette étape, tu n'auras sans doute pas envie de revenir en arrière.

Bonne route !

LA 6e, C'EST DEVANT toi

Dans quelques mois, dans quelques semaines, tu vas entrer au collège. Tu as hâte et peur de quitter l'école ! Rassure-toi, tout le monde ressent la même chose que toi.

La 6e, on va tous y passer ! Je suis à la fois heureuse de grandir et inquiète de me retrouver avec des grands.

Clarisse

J'ai hâte d'apprendre de nouvelles langues. J'ai envie de faire de l'anglais parce que tout le monde le parle, du russe parce que je viens de Russie et de l'italien parce que c'est la langue de ma belle-mère.

Adèle

La 6e va me donner plus de liberté. Mais je vais aussi perdre plusieurs amies.

Manon

Ça m'énerve d'être à nouveau le plus petit, comme quand je suis passé de la maternelle à l'école élémentaire.

Daouda

J'ai déjà demandé à mes parents d'avoir un portable. Pour l'instant, ils sont d'accord.

Louise

J'ai deux grands frères qui sont déjà au collège. Je suis rassurée parce qu'ils m'expliquent tout.

Théa

cool!
carnet de liaison
amitié
cantine
12/20
buenos dia
guten tag
hello
LOVE

LE
collège,
C'EST
parti !

LA 6e, ÇA APPROCHE !

Pour mettre toutes les chances de ton côté, tu as intérêt à te préparer au collège dès le début de ton année de CM2. Top départ !

4 bonnes habitudes à adopter sans attendre

1 FAIS TES DEVOIRS RÉGULIÈREMENT.

Le week-end, avance tout ce qui est noté dans ton cahier de texte. Une bonne façon d'alléger ta semaine !

Le sais-tu ?

Pendant ton année de CM2, tu te rends au moins une fois avec ta classe dans le collège de ton quartier. Note toutes tes questions sur un petit carnet pour ne pas en oublier le jour de la visite.

2 APPRENDS TES LEÇONS PETIT À PETIT.

Divise ce que tu as à mémoriser en plusieurs parties. Donne-toi quelques jours pour tout retenir. Et hop, le tour est joué !

3 APPRIVOISE TON ENVIRONNEMENT.

Commence à te déplacer seul dans la rue ou dans les transports en commun. Entraîne-toi à manier les clés de chez toi. Pas question de rester devant la porte !

4 GAGNE TON AUTONOMIE.

N'attends pas que tes parents te demandent si tu as fini tes devoirs ou si tu as quelque chose à leur faire signer. Prends les devants !

LA 6e, galère OU chance ?

4 raisons de te réjouir

1. Tu auras plus de liberté.
À toi les après-midi « solo » à la maison !

2. Tu vas apprendre de nouvelles matières : technologie, sciences de la vie et de la Terre (SVT), langue étrangère...

3. Tu vas te faire de nouveaux amis, qui t'en présenteront de nouveaux. Et ainsi de suite !

4. Ton emploi du temps peut varier d'un jour à l'autre. Tu finiras peut-être parfois en début d'après-midi. Sympa !

4 raisons de râler

1. Tu auras plus de devoirs et de responsabilités. Au secours !

2. Tu ne seras pas forcément dans le même collège que tes copains et copines d'école. Pas juste !

3. Les adultes (tes profs, tes parents) seront plus exigeants avec toi. Quelle barbe !

4. Tu seras le plus jeune. Patience, ça ne dure qu'un an !

SOS

DANS QUEL COLLÈGE IRAS-TU ?

- **La règle générale : tu vas dans le collège de ton secteur, un périmètre déterminé par ton lieu de résidence.**
- **L'exception : si tu veux faire une langue ou une option qui n'est pas proposée dans le collège de ton secteur, tes parents demandent une dérogation pour t'inscrire dans un autre établissement.**

¿DO YOU SPRICHST español?

À la fin de ton année de CM2, tu vas devoir choisir ta première langue vivante (LV1). Ready ? Listo ? Bereit ?

- Si tu as envie de parler **la langue numéro 1 dans le monde : choisis l'anglais**, comme neuf collégiens sur dix. Incontournable, c'est dans cette langue que s'effectue la majorité des échanges internationaux.
- Si tu as envie de parler **la langue la plus répandue en Europe : choisis l'allemand**, maîtrisée par un Européen sur cinq. Réputée difficile à cause de sa grammaire, elle est pourtant plus facile à prononcer que l'anglais.

- Si tu es **déjà à l'aise dans une langue vivante : tourne-toi vers une classe « bi-langues »** ou une section internationale. Attention, c'est du travail en plus !

- Si tu as envie de te mettre à **la calligraphie : apprends le chinois, le japonais ou le russe,** dont les lettres n'ont rien à voir avec celles que tu connais. Dépaysement garanti !

5 conseils pour réussir en langues vivantes

1. Adopte la VO. Regarde des films, des séries ou des dessins animés en version originale sous-titrée.

2. Parle. Même si tu fais des fautes ou si ton accent est approximatif.

3. Lis. En VO ou en version bilingue.

4. Chante. Répète tes chansons anglaises préférées.

5. Voyage. Teste tes connaissances sur le terrain.

Le sais-tu ?

En dehors de l'anglais, 11 langues étrangères et 6 langues régionales (occitan-langue d'oc, breton, basque, catalan, corse, langue régionale d'Alsace et des pays mosellans) peuvent être étudiées en 6e, mais pas dans tous les collèges.

UN SAC *sinon* RIEN

Adieu ton cartable d'écolier ! Place à un vrai sac de collégien... qui respecte ton dos et tes épaules.

Version sac à dos

Opte pour un sac dont la taille est adaptée à ta morphologie. Il doit impérativement se caler entre tes épaules pour soulager ton dos. Ne le choisis pas trop grand : cela t'oblige à ne prendre que le strict minimum.

Veille à ce que les bretelles soient larges et rembourrées de mousse pour éviter de cisailler tes épaules.

Les bretelles doivent être réglables... et réglées ! Oublie la *coolitude* du sac qui tombe sur les fesses : c'est la cambrure du dos assurée. Et les douleurs qui vont avec...

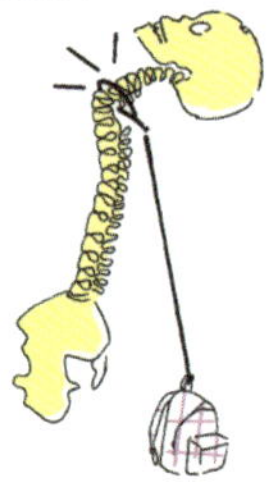

Choisis un sac avec plusieurs compartiments. Cela t'aidera à ranger tes affaires en fonction de leur poids. À l'arrière : les choses les plus lourdes (livres, grands cahiers). À l'avant : le petit matériel (trousse, carnets). N'oublie pas de répartir les charges des deux côtés.

Un sac à dos, ça se porte sur les DEUX épaules ! Obligatoire pour préserver l'axe de ta colonne.

Version besace

Une besace en bandoulière se porte une fois à droite, une fois à gauche. La sangle doit être réglée de façon à ne pas taper sur ta hanche, ce qui t'obligerait à hausser l'épaule et à la solliciter inutilement.

À savoir : Chaque fois que tu as besoin de prendre quelque chose dans ta besace, aide-toi d'un support (table, banc). Si tu fouilles « dans le vide », tu t'infliges une torsion du tronc. Pas bon !

Le cabas

Porté au creux du bras, le sac fourre-tout tire trop fort sur ton coude et ton épaule. Parfait pour aller à la plage, mais pas pour transporter des livres et des cahiers !

Le sais-tu ?

Le sac d'un collégien fait en moyenne 8,5 kg, soit 6 bouteilles d'eau. C'est deux fois plus que ce qui est recommandé.

UNE IRRÉSISTIBLE *envie* DE PORTABLE

Un ado sur deux a un téléphone portable. Pourquoi pas toi ?

3 bonnes raisons d'en vouloir un

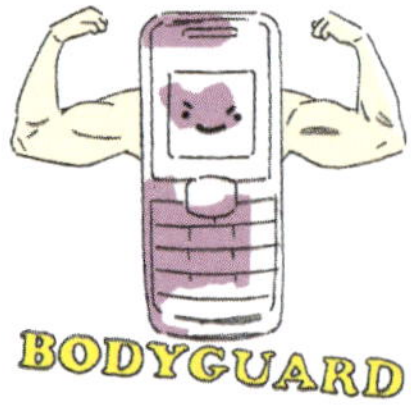

1. Pour te sentir en sécurité pendant les trajets, surtout si tu prends les transports en commun.

2. Pour prévenir tes parents en cas d'imprévu (tu vas chez un copain) ou de problème (tu as perdu tes clés).

3. Pour être joignable à tout moment. Si tes parents ont oublié d'acheter du pain, ils n'ont qu'à te téléphoner !

COMMENT CONVAINCRE TES PARENTS DE DIRE OUI AU PORTABLE ?

- Propose-leur de démarrer par un appareil sans accès à Internet. Le smartphone, ce sera pour plus tard !
- Montre-leur qu'il existe des forfaits bloqués bon marché avec SMS illimités. Vive les économies !
- Signe avec eux un contrat dans lequel tu t'engages à éteindre ton portable en cours et à ne pas prendre quelqu'un en photo sans son autorisation.

AU MOINDRE ÉCART, BYE-BYE LE PORTABLE...

SOS

3 mauvaises raisons d'en vouloir un

1. Pour faire comme les autres. Attends d'en avoir vraiment besoin !

2. Pour jouer à des jeux, regarder des photos, aller sur des sites Internet. Ton temps est précieux, économise-le !

3. Pour communiquer 24 heures sur 24 avec tes amis. Profite d'eux en vrai !

cool!
carnet de liaison
amitié
cantine
12/20
buenos dia
guten tag
hello
LOVE

LA
6e
AU
jour
LE
jour

LE JOUR J EN 5 LETTRES

À quoi va ressembler ta première journée au collège ?

A COMME APPEL

Avec tous les autres sixièmes, tu attends dans la cour que ton nom soit appelé pour rejoindre ta nouvelle classe. C'est parti !

PP COMME PROFESSEUR PRINCIPAL

Telle une boussole, il te guide toute la journée. Un rôle qu'il continuera à tenir pendant toute l'année.

E COMME EMPLOI DU TEMPS

Ta semaine compte entre 27 et 29 heures de cours (selon tes options). Repère tout de suite l'alternance des semaines. La semaine A, tu fais des maths le mercredi à 8 heures, la semaine B, tu dors une heure de plus. Elle est pas belle, la vie ?

COMME CARNET DE LIAISON

Comme son nom l'indique, il fait le lien entre toi, le collège et ta famille. Toi : tu écris les informations importantes (une absence, une réunion). Tes profs : ils consignent tes bavardages, tes devoirs non faits. Ta famille : elle indique le motif de ton retard ou de ton absence. En résumé, c'est ta carte d'identité de collégien, à toujours avoir sur toi !

COMME MANUELS SCOLAIRES

La documentaliste t'attend au CDI pour te donner tes livres. Tu t'en rends compte tout de suite : c'est lourd ! Tu peux demander au professeur principal si tu peux t'organiser avec un élève pour n'en prendre qu'un sur deux. Il faut chouchouter ton dos !

SOS

TES PARENTS SONT-ILS PRÉSENTS LE JOUR DE LA RENTRÉE ?

Même s'ils assistent parfois à l'appel et qu'ils sont invités à t'accompagner à ta première heure de cours, après, heureusement, ils disparaissent !

VISITE *guidée* !

VIE SCOLAIRE Tu passeras forcément par le QG du CPE et des surveillants pour un retard, une bêtise ou une question.

COUR Toujours bruyante, souvent bondée : c'est ton espa à toi ! Tu peux enfin te défouler, cancaner, flirter, grignoter… La récré ne dure que 15 minutes et c'est toujours trop court !

TOILETTES C'est le lieu de rassemblement des bavards. Tu y vas aussi pour te laver les mains ou utiliser les WC. Pas toujours propres malheureusement…

Un immense labyrinthe : ce sera peut-être ta première impression en pénétrant dans ton collège. Rassure-toi, tu t'y retrouveras très vite !

1ER ÉTAGE

SALLE DES PROFS

Comme toi, tes profs vont en récré entre deux cours. Entrée strictement interdite aux élèves !

SALLES DE LANGUE

Posters de stars ou de châteaux, recettes de cuisine… elles sont aux couleurs du pays dont tu étudies la langue. Sympa !

CDI

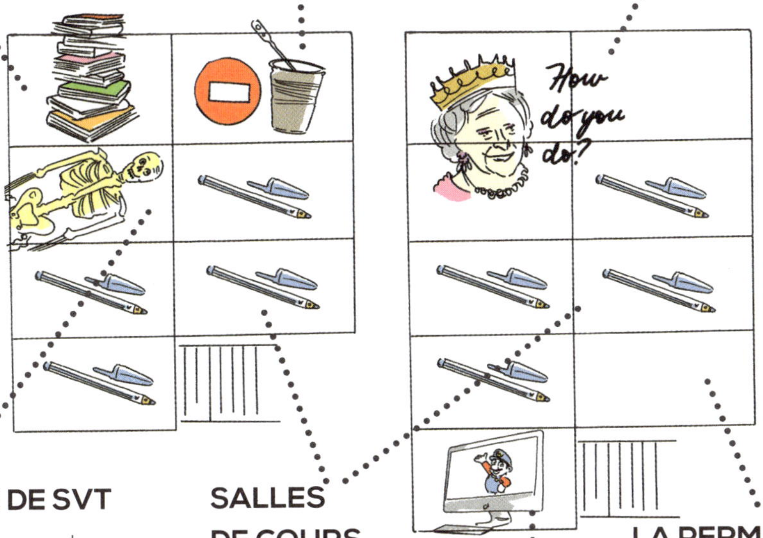

SALLE DE SVT

Occupée par des paillasses (plan de travail carrelé comprenant un évier) et un squelette (humain) qui assiste lui aussi au cours. Brrr…

SALLES DE COURS

SALLE DE TECHNO

Tu adoreras tout de suite passer du temps dans ce qui, à première vue, ressemble à une salle de jeux en réseau.

LA PERMANENCE

C'est là que tu vas quand un prof est absent ou quand tu as un « trou » dans ton emploi du temps. Profites-en pour t'avancer dans tes devoirs.

Qui FAIT quoi ?

Au collège, il n'y a pas que des profs. Une équipe d'adultes fait aussi tourner l'établissement. C'est parti pour les présentations !

AS-TU DEVINÉ QUEL EST LE RÔLE DE CHACUN ?

Allez, on t'en dit un peu plus sur les nouvelles têtes que tu vas croiser tous les jours.

LA PRINCIPALE

Fait : les rendez-vous avec tes parents en cas de gros problèmes, la présidence du conseil de classe et du conseil de discipline. **Ne fait pas :** portes ouvertes à toutes les récrés. Le « chef » du collège est au calme pour se concentrer.

LE CONSEILLER PRINCIPAL D'ÉDUCATION

Fait : le contrôle des retards et des absences, la formation des délégués de classe, l'animation du foyer. La bonne ambiance au collège, c'est lui ! Ne compte quand même pas sur lui pour organiser une boum !

LES SURVEILLANTS

Font : la chasse au chahut dans les couloirs, la cour, la cantine, en salle de permanence. **Ne font pas :** copain-copain avec toi. Leur numéro de portable, c'est privé !

L'ASSISTANTE SOCIALE

Fait : écouter tes soucis personnels extérieurs à la scolarité. **Ne fait pas :** l'accueil 24 heures sur 24 car elle se partage sur plusieurs collèges. Note bien les jours où tu peux la rencontrer !

LA GARDIENNE

Fait : l'ouverture et la fermeture des portes, la réception des appels téléphoniques et des livraisons.

Ne fait pas : ton mot d'excuse si tu arrives en retard.

L'INTENDANTE

Fait : les achats courants (tables, chaises, manuels scolaires), la collecte des chèques pour le self.

Ne fait pas : crédit si tu n'as pas ta carte de cantine.

L'INFIRMIÈRE

Fait : un pansement si tu t'écorches, une mini consultation si tu as mal au ventre. **Ne fait pas :** te garder au chaud si tu n'as rien. Les simulateurs, en classe !

LE PROFESSEUR DOCUMENTALISTE

Fait : le choix des livres et revues que tu peux emprunter au CDI. **Ne fait pas :** lire tes romans ou préparer tes exposés à ta place.

L'AGENT D'ENTRETIEN

Fait : le nettoyage des salles, des toilettes et les petites réparations (stores, ampoules). **Ne fait pas :** le ménage derrière toi. Pas de chewing-gum collé sous les tables !

LE CUISTOT

Fait : les menus, les courses, des semaines à thème : Antilles, Bretagne, Italie… Miam ! **Ne fait pas :** des frites tous les jours. Tu serais vite lassé. Si, si.

COMPRENDRE LES RÈGLES en 6 mots

Que faire si tu arrives en retard ? As-tu le droit de quitter le collège quand un prof est absent ? Que se passe-t-il pendant le conseil de classe ? En 6ᵉ, ton quotidien est rythmé par de nouvelles habitudes qu'il vaut mieux connaître sur le bout des doigts...

RETARD

Tu arrives au collège 5 minutes après la fermeture des portes. **Que faire ?** Vas directement au bureau de la vie scolaire pour récupérer ton ticket d'entrée en cours.

ABSENCE

Tu ne vas pas en cours une journée. **Que faire ?** À ton retour, vas directement au bureau de la vie scolaire pour faire valider ton mot d'excuse signé de tes parents.

SANCTIONS

Tu te bats dans la cour, tu insultes un prof, tu gribouilles une table. **Ce qui t'attend ?** Un avertissement, une mesure de responsabilisation (balayer la cour, nettoyer les tables...), une exclusion temporaire ou définitive.

PUNITIONS

Tu bavardes en cours ou tu as oublié tes affaires de sport (et c'est la deuxième fois cette semaine). **Ce qui t'attend ?** Un devoir supplémentaire à faire à la maison ou au collège pendant une heure de retenue, un mot sur ton carnet de liaison.

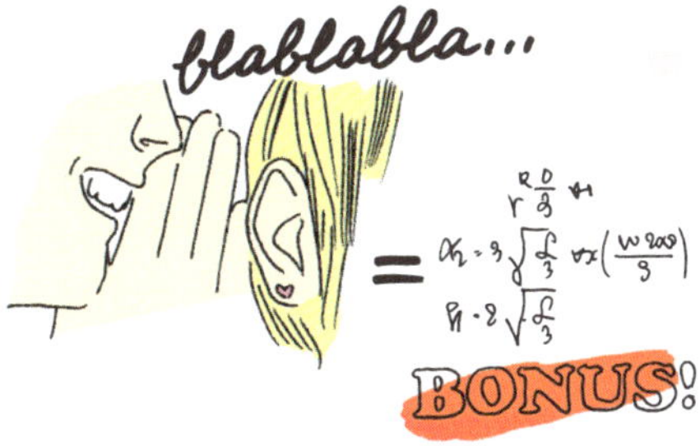

EXTERNE

Tu rentres déjeuner chez toi. **Ce qui t'attend ?** Tu as le droit de quitter le collège si ton cours de 11 heures à 12 heures est annulé. Les demi-pensionnaires, eux, vont en perm'...

RÈGLEMENT INTÉRIEUR

Intégré à ton cahier de liaison, c'est la loi du collège. Il énonce tes droits et tes devoirs. **Qu'en faire ?** Le lire attentivement et le signer.

LES PROFS, *amis* OU *ennemis* ? NI L'UN NI L'AUTRE !

Ton prof d'histoire t'endort, tu crois que ton prof de maths te déteste. Stop ! Il est urgent de rétablir le dialogue car c'est avec eux que tu passes l'essentiel de tes journées.

SI TON PROF NE TE CAPTIVE PAS.

Il parle pendant de longues minutes sans s'arrêter.

Ce que tu ne dois pas dire :

« On s'ennuie pendant votre cours. »

Ce que tu peux lui dire :

« J'ai du mal à suivre. D'ailleurs, je ne suis peut-être pas le seul. Je pense que ça nous aiderait si vous faisiez des pauses plus souvent. »

SI TU CROIS QU'IL NE T'AIME PAS.

Ton prof te dispute parce que tu as oublié ton livre alors qu'il ne dit rien à Marie qui a aussi oublié le sien.

Ce que tu ne dois pas dire :

« Je sais que vous me détestez. »

Ce que tu peux lui dire :

« J'ai l'impression que vous m'en voulez. Est-ce que j'ai fait quelque chose qui ne vous a pas plu ? »

SI TU ES ALLÉ TROP LOIN VERBALEMENT.

Tes mots ont dépassé ta pensée.

Ce que tu ne dois pas dire :

« Bien fait ! »

Ce que tu peux lui dire :

« Je suis désolé, j'ai parlé trop vite. »

Renouvelle tes regrets par écrit.

SI TU TE SENS HUMILIÉ.

Ton prof lit ta copie devant toute la classe.

Ce que tu ne dois pas dire :

« Ça ne se fait pas ! »

Ce que tu peux lui dire :

« Vous ne vous en rendez peut-être pas compte mais vos remarques me blessent. »

Le sais-tu ?

- **Si tu as autant de profs, c'est parce qu'ils sont tous spécialisés dans une matière qu'ils ont étudiée pendant plusieurs années. Ils ont ensuite réussi le Certificat d'aptitude au professorat de l'enseignement du second degré (Capes) ou technique (Capet).**
- **Tes profs aussi sont notés ! Par le principal et par un inspecteur qui vient dans la classe.**

Oui À LA CANTINE

Comme un collégien sur deux, tu déjeunes au self. OK, ce n'est pas le restau de tes rêves. Mais en découvrir les coulisses te fera peut-être changer d'avis.

Le tour de la question en... 6 questions

1 UN SELF, QUEL AVANTAGE ?

Adieu le plat unique servi par les cantinières ! Au self, tu varies les plaisirs. La carte n'est pas aussi riche que celle d'un restaurant mais tu as souvent le choix entre deux entrées, deux plats et deux desserts (taboulé ou céleri rémoulade ? brochettes de dinde ou merguez ? yaourt ou fruit ?).

2 QUI DÉCIDE DU CONTENU DE TON ASSIETTE ?

Un diététicien mandaté par le ministère de la Santé. C'est du sérieux !

3 OÙ TON REPAS EST-IL PRÉPARÉ ?

Sur place si ton collège dispose d'une cuisine. Sinon à l'extérieur dans une cuisine centrale.

4 PREMIERS ARRIVÉS, PREMIERS SERVIS ?

Malheureusement oui... Pour éviter la pagaille, chaque niveau mange à un horaire précis. En général, les sixièmes passent les premiers. Chouette !

5 ES-TU OBLIGÉ DE FINIR TON ASSIETTE ?

Non. Mais gare à la fringale en milieu d'après-midi ! C'est aussi dommage de gâcher. Mieux vaut ne pas avoir les yeux plus gros que le ventre.

6 LE KETCHUP EST-IL EN LIBRE-SERVICE ?

Noooon! Mais le jour où il y a des frites (ça arrive, si, si), tes assaisonnements préférés sont prévus en quantité raisonnable.

SOS

EXTERNE OU DEMI-PENSIONNAIRE ?

Tu préfères déjeuner chez toi. Ça vaut le coup si :

- **tu habites à quelques minutes du collège car tu peux n'avoir qu'une heure de libre pour déjeuner ;**
- **tu te prépares un vrai repas. Un sandwich une fois, ça va, quatre, bonjour les dégâts sur la santé.**

cool!
carnet de liaison
amitié
cantine
12/20
buenos dia
guten tag
hello
LOVE

AU
boulot
!

TOUT EST UNE *question* D'ORGANISATION

Tu vas vite te retrouver avec beaucoup de choses à faire au collège et à la maison. Si tu ne te prends pas en main tout de suite, gare à la noyade !

4 idées coaching à adopter au collège

1 SOIS ACTIF EN CLASSE.

- **Participe à l'oral** et demande des précisions dès que tu ne comprends pas quelque chose. Avantage supplémentaire : le temps passe plus vite !
- **Privilégie le premier rang.** Impossible de dormir si ton prof est juste devant toi !

2 PRENDS SOIN DE TES AFFAIRES.

- **Range tes feuilles** dans l'ordre où le prof les distribue. Plus facile pour apprendre tes leçons !
- **Pense à apporter des pochettes** plastiques. Pas de feuilles volantes dans ton sac !

3 NOTE SYSTÉMATIQUEMENT TES DEVOIRS DANS TON AGENDA.

- **Écoute le prof jusqu'au bout.** Même si ça a sonné !
- **Indique d'abord la matière** en majuscules puis le travail à faire.
- **Saute une ligne** entre chaque matière.

4 OPTIMISE TON TEMPS.

- Un prof absent ou du temps libre à l'heure du déjeuner ? **File au CDI** pour avancer tes recherches sur un exposé ou lire ton roman. Pas pour t'affaler sur une chaise…

Le sais-tu ?

Des heures de vie de classe (dix par an) sont prévues dans ton emploi du temps. C'est l'occasion d'aborder tes difficultés d'organisation avec ton prof principal.

4 idées coaching à adopter à la maison

1

FAIS LE VIDE.

- Aménage-toi un espace de travail, même petit, rangé et à toi.

2

OCCUPE LE TERRAIN.

- Placarde ton emploi du temps aux endroits stratégiques : frigo, bureau, entrée.

LA 6e, ÇA T'ÉPUISE !

• Si tu as un coup de pompe à 11 heures : ton petit déjeuner n'est pas assez copieux. Mange une tartine de plus !

• Si tu n'arrives pas à t'endormir : stop aux écrans à partir de 19 h 30. Privilégie la lecture, qui te jettera tout doucement dans les bras de Morphée.

SOS

3

PRÉPARE TES AFFAIRES LA VEILLE.

- Fais ton sac dès que tu as terminé tes devoirs, avec ton emploi du temps devant toi.
- Vérifie régulièrement le contenu de ta trousse et l'état de ton matériel. Ton classeur n'aurait-il pas besoin d'œillets par hasard ?

4

PERSONNALISE TES CAHIERS.

- Approprie-toi tes leçons et personnalise tes notes, souligne les mots importants en rouge, ajoute un petit dessin « repère » dans la marge.

Liberté !

En 6e, tu passes un cap avec tes parents. Ils te laisse faire davantage de choses tout seul. Normal, tu grandis ! Prêt à prendre ton envol ?

Être autonome, c'est génial !

- **Tu vas au collège tout seul.** Ce que tu apprécies avant tout, c'est de donner rendez-vous à tes copains et faire le trajet avec eux. Parfois, vous vous autorisez même un petit détour par la boulangerie !
- **Tu passes plus de temps avec tes copains.** Après les cours, tu vas chez eux. Ils viennent chez toi. Vous faites vos devoirs. Mais pas que !
- **Tu apprends à gérer ton temps** et à faire tes propres choix. Une fois tes devoirs faits, tu profites de moments seul chez toi pour écouter de la musique, lire, dessiner. Quel pied !

SOS

POURQUOI TES PARENTS ONT (PARFOIS) DU MAL À TE LÂCHER?

Te voir grandir est un bonheur pour eux, mais aussi un déchirement : tu n'es plus leur « bébé » !

Être autonome, c'est pas si facile !

- **Ta liberté, ce n'est pas toi, mais tes parents** qui en fixent les limites. Et c'est pour ton bien ! Tu seras obligé de rentrer à l'heure qui a été convenue avec eux. Sinon, adieu les sorties !
- **Tu devras leur montrer qu'ils ont raison de te faire confiance.** Ton organisation doit être impec.
- **Tu auras peut-être plus de tâches** à accomplir à la maison : sortir les poubelles, étendre la lessive... C'est ça aussi, grandir !

- **Tu auras peut-être parfois l'impression que tes parents te délaissent** au profit de ton petit frère ou de ta petite sœur. Rappelle-les (gentiment) à l'ordre : tu as encore besoin d'eux !
- **Ça peut aussi t'arriver de te sentir un peu seul.** Parles-en à tes parents. Pas question de transformer ta liberté en solitude.

LE *français* : LA MATIÈRE QUI TE *veut* DU BIEN

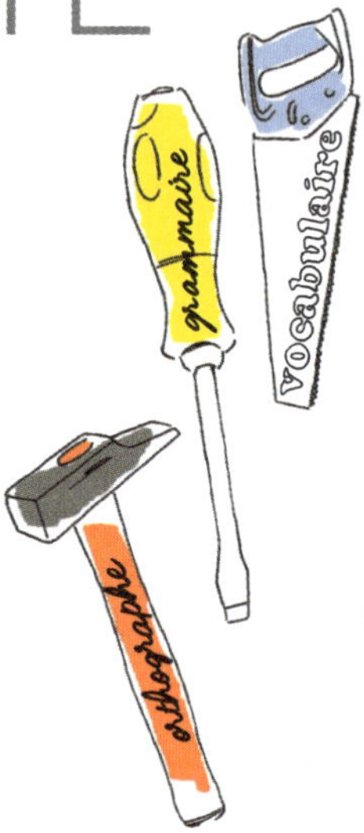

Matière phare de ton emploi du temps, tu y consacres 4 h 30 par semaine. Ce n'est pas un hasard.

Au collège, tu utilises des mots, pas des dessins ou des schémas. Si ton prof insiste sur la grammaire, le vocabulaire et l'orthographe, c'est pour te donner des outils pour communiquer et faire de toi un citoyen. Indispensable aussi dans ta vie de tous les jours ! Pour te faire comprendre dans les magasins, à la bibliothèque... Y compris à la maison : tu apprécieras de pouvoir argumenter avec les mots justes quand il faudra négocier une sortie au ciné.

Le sais-tu ?

LIRE, C'EST (AUSSI) POUR TON BIEN.

- **Tu te confrontes à d'autres univers. Enrichissant !**
- **Tu te retrouves dans les histoires que tu lis. Rassurant !**
- **Lire, c'est aussi être libre. N'oublie pas que le premier geste d'une dictature est de brûler ou d'interdire les livres.**

TU N'AIMES PAS LIRE

C'est un travail comme les autres (en maths, il y a bien des formules à apprendre !). Commence par des séries qui ont cartonné au cinéma. Le plaisir viendra !

SOS

Le français, tu en as besoin pour :

Analyser un énoncé : ton problème de maths sera à moitié résolu si tu comprends ce qu'on te demande.

Déchiffrer un document historique : ton commentaire sera plus facile à rédiger si tu parviens à décrypter le langage de l'auteur.

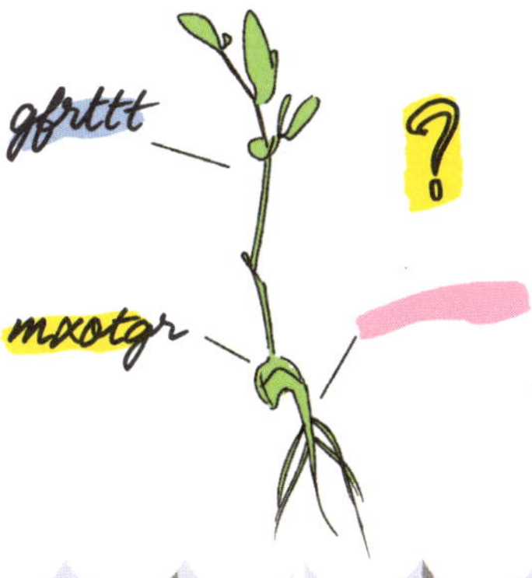

T'exprimer à l'oral : ton message sera plus clair et efficace si tes phrases sont complètes et construites.

Décrire une dissection de graine ou de fleur : ton compte rendu de SVT sera plus précis si tu emploies les mots adaptés.

APPRENDRE, ÇA s'apprend !

Pour mémoriser une leçon, tu as le choix entre plusieurs méthodes. À toi de trouver celle qui te correspond le mieux.

SI TU NE TIENS PAS EN PLACE...

Apprends en bougeant ! Marche, fais des gestes, glisse-toi dans la peau d'un pharaon ou d'un personnage de Molière.

SI TU AS L'OUÏE FINE...

Enregistre tes cours sur ton MP3. Passe-les en boucle et récite-les à haute voix. Tu peux aussi les chanter !

SI TU AS LE COMPAS DANS L'ŒIL...

Transforme tes cours en supports visuels : frises chronologiques, tableaux, fiches, schémas, dessins. Tu as aussi le droit de fabriquer des maquettes !

3 conseils pour booster ta mémoire

1. Rabâche encore et encore. Seule la répétition renforce les connexions entre tes neurones. Allez, courage !

2. Anticipe. Durant ton sommeil, ton cerveau renforce les informations enregistrées la journée. C'est pour cette raison que tu dois apprendre tes leçons la veille et pas le matin avant de partir au collège...

3. Recharge tes batteries. Pour être au top, ton cerveau a besoin de protéines, de lipides et de glucides. Prends le temps de bien manger !

LES *devoirs*, JE GÈRE !

Au collège, chaque prof donne des devoirs pour sa matière. Pas facile de s'y mettre après une journée de cours… Allez, ne baisse pas les bras !

5 pistes pour « mieux vivre » tes devoirs

1. SI TU ES FATIGUÉ EN RENTRANT :

Prends le temps de souffler ! Accorde-toi une pause pour goûter et te détendre. Et après, au boulot !

2. SI TU N'ARRIVES PAS À TE CONCENTRER :

Fais le vide autour de toi. Pas de télé ou de portable… Calme absolu.

3. SI TU TE SENS SEUL :
Rien ne t'oblige à rester dans ta chambre. Installe-toi dans la salle à manger !

4. SI TES PARENTS TE METTENT LA PRESSION :
Présente-leur un planning sur lequel tu indiques les temps de détente et de travail. Teste-le sur deux ou trois semaines.

5. SI TU BLOQUES :
Tu as peut-être besoin d'aide… Si tes parents ou ta grande sœur ne sont pas disponibles, fais appel à un étudiant ou une association de quartier. Renseigne-toi à la mairie.

SOS

COMBIEN DE TEMPS DOIS-TU CONSACRER À TES DEVOIRS ?

Entre trois quarts d'heure et une heure chaque jour. Le secret, c'est la régularité. Mieux vaut travailler un peu chaque soir que trois heures le mercredi !

LES NOTES Y A QUE ÇA QUI *compte* ?

Les profs sont obligés de mettre des notes.

Pas toujours. On réfléchit à d'autres systèmes de notation (code couleur par exemple) pour évaluer les élèves.

La note reflète le travail fourni.

Vrai et faux. Si Adrien a écopé d'un 5/20 en maths, ce n'est pas forcément parce qu'il n'a pas révisé. Il a peut-être des soucis qui l'empêchent de se concentrer ou il n'a pas compris l'énoncé.

Un prof ne peut pas mettre zéro.

Faux. Autorisé pour un devoir non rendu sans excuse valable ou une copie blanche. Interdit pour punir un comportement.

Vrai ou faux

notes
notes
notes
notes
notes

Pour les parents, y a que les notes qui comptent.

En partie. C'est ce qu'ils voient en premier. Parle-leur de tes progrès… qui finiront par être récompensés.

Les profs préfèrent les élèves qui ont de bonnes notes.

Vrai et faux. À toi de leur prouver que tu n'es pas qu'un chiffre ! Participe pendant le cours, soigne tes cahiers et rends ton travail à l'heure !

SOS

Comment gérer une mauvaise note ?

À ne pas faire : la cacher. Tes profs saisissent tes résultats sur une plate-forme à laquelle tes parents ont accès.

À faire : l'annoncer au bon moment. Évite le matin avant de partir. Cris assurés et parents énervés !

LE *sport*, IL Y A CEUX QUI ADORENT… ET CEUX QUI DÉTESTENT !

4 heures d'éducation physique et sportive (EPS) par semaine. Pour certains, c'est trop bien ; pour d'autres, c'est la galère !

Ton problème : tu es KO après 2 heures de sport.
La solution : recharge tes batteries.
➔ Prépare-toi une boisson « énergétique » naturelle à boire après ta séance de gym : de l'eau et un peu de sirop. C'est tout !

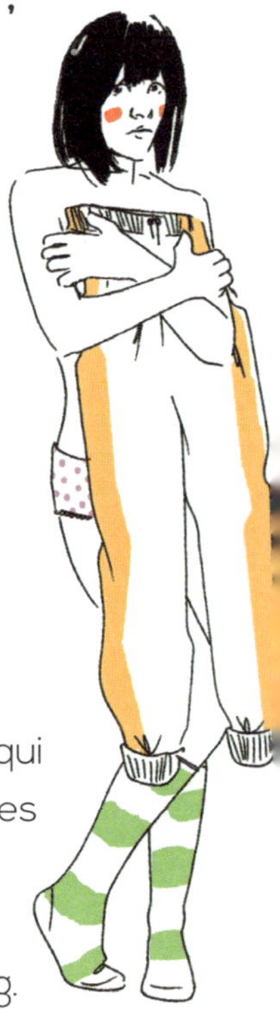

Ton problème : tu n'aimes pas te changer devant tout le monde.
La solution : dissimule-toi.
➔ Rapproche-toi d'un copain ou d'une copine en qui tu as confiance et cache-toi derrière lui pendant les séances de déshabillage et de rhabillage.

Ton problème : tu te trouves moche en jogging.
La solution : le shopping !
➔ Avant d'acheter ton bas de survêtement, prends le temps de l'essayer comme tu le fais pour un jean. Il y en a forcément un qui te va.

Ton problème : ton sac de sport est énorme.
La solution : fais la chasse au superflu.
➔ Ne prends que le strict nécessaire et plie tes affaires après le cours. Des vêtements en boule, ça prend plus de place…

Ton problème : tu n'arrives pas à grimper à la corde.
La solution : arme-toi de patience.
➔ Demande au prof d'EPS qu'il te réexplique les gestes. Le sport aussi, ça s'apprend. Comme les maths ou le français !

Ton problème : tu aimerais que le cours de sport dure toute la journée. **La solution :** bouge après les cours !
➔ Choisis une activité que tu peux facilement pratiquer près de chez toi (tennis de table, roller, vélo).

Ton problème : on se moque de toi.
La solution : concentre-toi sur tes progrès.
➔ Prends tes distances par rapport à ceux qui raillent tes roulades ou ton saut en hauteur. N'oublie pas que le prof d'EPS évalue tes progrès autant que tes performances.

SOS

PEUX-TU ZAPPER LE SPORT ?

Non ! La scolarité obligatoire (jusqu'à 16 ans) repose sur l'acquisition d'un socle commun à tous les élèves, qui va du français à l'apprentissage des règles de vie en société, en passant par le sport.

Comment DÉCRYPTER TON BULLETIN ?

À la fin de chaque trimestre, tes parents reçoivent ton bulletin. Tu y trouves toutes tes notes, mais aussi les appréciations de tes profs. C'est du sérieux !

Qui le rédige ?

- **Tes profs.** Chacun reporte la moyenne que tu as obtenue sur le trimestre dans sa matière et complète avec un commentaire précis sur ton travail et ton comportement.
- **Le principal de ton collège.** Pendant le conseil de classe, il écrit une recommandation en bas de ton bulletin. Elle tient compte de tes notes mais aussi de ce que chaque prof dit pendant la réunion.

Le sais-tu ?

Redoubler est désormais réservé à des cas exceptionnels (si tu as été longtemps absent à cause d'une maladie, par exemple).

QUI PEUT T'AIDER ?

Tes délégués ! Pendant le conseil de classe, leur mission est de prendre la parole pour te défendre. Ils peuvent par exemple éclairer les profs sur un manque de travail ou un autre problème.

SOS

Les notes ne font pas tout !

LA PREUVE AVEC LES BULLETINS DE CAMILLE ET JOHAN.

• **Les résultats de Camille sont moyens.** Pourtant, elle reçoit les encouragements.

➔ La raison : elle « progresse tout doucement » et c'est une « élève très sérieuse » qui fait preuve de « bonne participation ». Ses profs ont vu qu'elle faisait des efforts : ils lui donnent un coup de pouce !

• **Les résultats de Johan sont moyens.** Pourtant, il reçoit une mise en garde de travail.

➔ La raison : « son travail à la maison n'est pas toujours fait » et il est « souvent inattentif ». Pire, « son attitude en classe n'est pas propice au travail » ! Ses profs sanctionnent son comportement perturbateur, qui nuit à ses résultats : ils tirent la sonnette d'alarme !

QUI PEUT *t'aider* ?

Les premières semaines au collège peuvent te paraître un peu difficiles. C'est tout à fait normal. La première chose à faire : demander de l'aide !

SI TU TE SENS PERDU...

Pas de panique ! Le passage de l'école primaire à la 6e n'est pas un long fleuve tranquille. Mais n'attends pas d'être noyé pour réagir !

➔ Parles-en à tes parents, ils ne se rendent peut-être pas compte que tu es en train de perdre pied. Actionne le signal d'alarme pour qu'ils te consacrent un peu de temps.

SI TU AS RATÉ TON PREMIER TRIMESTRE...

Ne te décourage pas! Rien n'est joué puisqu'il te reste deux trimestres pour rebondir.

➔ Parles-en à ton professeur principal. Étudiez ensemble ta manière de travailler. Ce n'est peut-être pas la plus efficace. Écoute ses conseils et fixe-toi un objectif à ta portée. Par exemple, faire passer ta moyenne générale de 9/20 à 11/20.

SI TU ES TOUT LE TEMPS STRESSÉ...

Essaye d'analyser la situation. D'où vient la pression ? Dans quelles circonstances ressens-tu des montées d'adrénaline (l'hormone du stress) ? Pourquoi te paralysent-elles ?

➔ Parles-en à l'infirmière scolaire. Elle peut t'aider à comprendre l'origine de ton stress et à le chasser. Comme l'assistante sociale, elle se partage entre plusieurs établissements, elle n'est pas toujours là. Note bien les jours où tu peux la rencontrer!

Le sais-tu ?

Ton emploi du temps comprend obligatoirement deux heures d'accompagnement personnalisé en maths et en français. Les profs te donnent des méthodes pour t'aider à travailler. Tu peux aussi leur demander des explications sur un point précis.

cool!
carnet de liaison
amitié
cantine
12/20
buenos dia
guten tag
hello
LOVE

Toi
ET
LES
autres

Être OU NE PAS être DÉLÉGUÉ ?

Comme à l'école élémentaire, tu peux être élu porte-parole de ta classe. Petit test avant de poser ta candidature.

Quiz

Fiona n'est pas venue en cours aujourd'hui...

- ■ Tu passes chez elle après le collège. Tant pis si tu arrives en retard à ton cours de piano.
- ▲ Pour avoir de ses nouvelles, tu lui envoies un mail une fois chez toi.
- ● Tu rentres avec tes copains comme d'habitude.

Thomas pense qu'il a injustement été puni par un surveillant. Il s'approche de toi...

- ● Au secours, pas lui ! Tu fais semblant de ne pas le voir.
- ■ Fidèle au poste, tu prends des notes.
- ▲ Flatté, tu l'écoutes, tout en révisant ton contrôle de maths.

Le sais-tu ?

Les délégués élisent entre eux deux représentants des délégués, qui siègent au conseil d'administration du collège, une instance qui prend des décisions très importantes (budget, projet d'établissement, règlement intérieur). En 6e, tu peux participer au vote, mais il faut être en 4e pour y siéger.

Pendant l'heure de vie de classe...

▲ Tu te fais tout petit. Moins tu en dis, mieux tu te portes !

● Tu t'ennuies.

■ Tu n'as pas peur de lever le doigt et tu interviens à plusieurs reprises.

TU AS UNE MAJORITÉ DE

■ Attentif et altruiste, tu as les qualités requises pour être délégué. C'est un bon début. N'oublie pas que tu devras aussi parler sans déformer les propos des uns ou des autres et prendre des initiatives.
➔ Veille à ne pas te faire déborder, ta mission te prendra du temps.

● Passer du temps à recueillir les doléances de tes camarades et les porter à la connaissance des profs, ce n'est pas ton truc !
➔ Pas la peine de te présenter. Tâche quand même de t'intéresser à ce qui se passe dans ta classe.

▲ Tu aimes bien l'image que renvoie l'idée d'aider les autres. Mais quand il faut passer à l'action, tu n'es pas au rendez-vous. Ne serais-tu pas en train de confondre popularité et engagement ?
➔ N'hésite pas à donner un coup de main aux délégués quand ils auront besoin de soutien.

COMMENT NE *pas* SE *faire* MARCHER SUR LES *pieds* ?

En 6e, tu es parmi les plus jeunes du collège. Ce n'est pas une raison pour te faire embêter. Ose dire « stop » à la violence !

La violence, c'est quoi ?

Si on te vole un vêtement ou un stylo :

→ **c'est du racket.**

Si on se moque de toi ou qu'on te met systématiquement à l'écart :

→ **c'est du harcèlement.**

Si on t'envoie des SMS insultants :

→ **c'est du cyberharcèlement.**

Si on injurie ta couleur de peau :

→ **c'est du racisme.**

Si on te bouscule ou qu'on te tape :

→ **c'est une agression physique.**

OÙ PEUX-TU TROUVER DE L'AIDE ?

Auprès de Stop Harcèlement (0 808 807 010) ou de Net Écoute (0 800 200 000). C'EST GRATUIT.

SOS

Les 4 indispensables pour tordre le cou à la violence

1. BRISE LA LOI DU SILENCE.

Si tu n'oses pas parler à tes parents, rapproche-toi d'un adulte en qui tu as confiance (le père de ta meilleure amie, la CPE, l'infirmière ou le principal).

2. L'UNION FAIT LA FORCE.

Déplace-toi toujours en petite bande. C'est moins facile de s'attaquer à un groupe qu'à un élève isolé.

3. ÉVITE LES OBJETS QU'ON PEUT CONVOITER.

Un téléphone portable dernier cri ? Prends-le avec toi mais évite de le montrer à tout le monde.

4. REFUSE D'ÊTRE COMPLICE.

Ne ris pas quand tu assistes à une scène d'injures ou à une bousculade. Préviens tout de suite le CPE.

ON NE FAIT *pas* QUE *travailler* AU COLLÈGE !

Toutes sortes de clubs et d'ateliers sont proposés par les professeurs, le plus souvent sur le temps du midi. Il ne te reste plus qu'à choisir !

SOS

POUR T'AIDER À CHOISIR

- **TU AS BESOIN DE TE DÉPENSER ?** Opte pour une activité sportive : ping-pong, basket, danse...

- **TU AS L'ESPRIT SOLIDAIRE ?** Participe à des projets pour aider des personnes en difficulté (collecte de jouets, braderie).

- **TU AS UNE ÂME D'ARTISTE ?** Rejoins un club théâtre, cinéma, arts plastiques, BD, journal.

- **TU AIMES TE CREUSER LES MÉNINGES ?** Privilégie un atelier scientifique ou des jeux de stratégie.

- **TU ES ÉCOLO ?** Engage-toi dans un club « vert » (recyclage des cartouches d'encre ou des stylos usagés, lutte contre le gaspillage à la cantine).

4 raisons de faire partie d'un club

1. Tu découvres tes profs sous un autre jour et tu établis avec eux une relation différente de celle que tu as en classe.

2. C'est l'occasion de dévoiler tes talents.

3. Ce n'est pas un cours : pas d'évaluation, pas de leçon à mémoriser !

4. Tu rencontres des élèves d'autres classes passionnés par la même activité que toi. Un bon point pour se faire de nouveaux amis quand on entre en 6e !

LA BALLE EST DANS TON CAMP !
Le club de tes rêves n'existe pas dans ton collège ? Parles-en aux assistants d'éducation ou au CPE et propose-leur ton projet.

Le sais-tu ?

Tu peux faire du sport tous les mercredis après-midi avec l'association sportive (AS) de ton collège. Les séances sont encadrées par les profs d'EPS. Le badminton est le sport le plus pratiqué !

Y A UNE *vie* APRÈS LE COLLÈGE

En 6e, le rythme est intense. Ménage-toi des moments de détente. Indispensable !

6 pistes pour décompresser

1 OUI À LA PARESSE

- **Bonne nouvelle :** tu as le droit de ne rien faire – parfois ! Buller est même nécessaire pour ton équilibre. Ose le dire à la maison.

+ 2 OBJECTIF RÉCOMPENSES

- **Une fiche de lecture** sur une pièce de Molière passera mieux si, en ligne de mire, tu as un ciné, un spectacle, une BD.
- **Note dans ton agenda** des dates positives (anniversaires, vacances). Cela t'aidera à avancer !

+ 3 TU RELÂCHES

- **En t'étirant :** assieds-toi bien droit, inspire et expire en laissant tomber ta tête sur ta poitrine. Laisse ensuite tomber tes bras de chaque côté du corps et enroule tes épaules vers l'arrière. Relève-les lentement vers les oreilles et fais des rotations vers l'arrière et vers le bas.

Qu'est-ce que ça fait du bien !

- **En respirant :** debout ou assis, tu imagines la forme d'un triangle et tu en dessines les contours avec ta respiration : tu inspires sur la partie ascendante, tu expires sur la partie descendante, tu suspends l'air sur la base de ton triangle.

Qu'est-ce que ça apaise !

- **En bougeant :** prends les escaliers, marche, tape dans un ballon ou nage. Dès que possible.

Qu'est-ce que ça défoule !

LES *amis*, UN DE PERDU, *dix* DE TROUVÉS ! FACILE À DIRE…

Ce qui devait arriver est arrivé : tu n'es pas dans le même collège que Paola, ton amie de toujours… Comment t'adapter à cette nouvelle situation ?

SI PAOLA TE DIT…

« Ça va être dur de se voir la semaine ! »

Et si vous faisiez du théâtre ou du tennis ensemble chaque week-end ? Un rendez-vous régulier, ça aide !

I PAOLA TE DIT…

« Je me suis fait une nouvelle amie dans ma classe. Trop sympa ! »

le sois pas jalouse ! Comme toi, elle a besoin d'avoir ans sa classe quelqu'un sur qui elle peut compter u quotidien. Et si tu lui demandais de te présenter ette nouvelle fille trop sympa ?

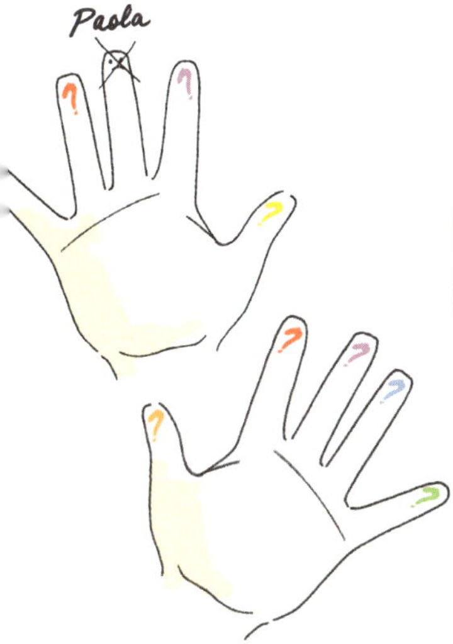

SI PAOLA TE DIT…

« Désolée, je n'ai pas envie d'aller au ciné avec toi. »

Elle est peut-être en train de prendre ses distances. Toi, ça te chagrine et c'est normal… Mais c'est la vie ! Pour Paola aussi, la 6e est un nouvel horizon. Et si tu élargissais à ton tour ton cercle d'amis ?

SOS

TU AS ENVIE D'INTÉGRER UN GROUPE

À FAIRE : observer. Prends le temps de comprendre comment il fonctionne. Objectif douceur !

À NE PAS FAIRE : t'imposer. Ce n'est pas par la force que tu te feras des amis. Ton attitude produira l'effet inverse : le rejet !

ES-TU (DÉJÀ) UN *collégien parfait* ?

**Bientôt les vacances de la Toussaint.
C'est le moment de faire le bilan
de tes premières semaines passées au collège.**

Sur le chemin :

▲ Tu t'arrêtes à la boulangerie au risque d'être en retard.

● Tu regardes ta montre toutes les deux minutes.

■ Tu marches à ton rythme sur le trottoir.

Quand tu passes devant la gardienne :

▲ Tu te caches derrière ton sac à dos.

■ Tu lui dit : « Bonjour madame ! »

● Tu lui offres une fleur que tu as cueillie sur le chemin.

Qu'as-tu retenu du règlement intérieur de ton collège ?

■ Tu as autant de droits que de devoirs.
▲ Trop de contraintes pour pas assez de libertés !
● Tu t'es concentré sur les devoirs.

La matière que tu préfères :

● Les maths : tu te donnes à fond.
■ Impossible de choisir : tu les aimes toutes.
▲ La musique : tu en profites pour te reposer.

TU AS UNE MAJORITÉ DE

■ Tu es comme un poisson dans l'eau dans ton nouvel environnement. Cerise sur le gâteau : tu es zen. Bravo !

● Tu maîtrises parfaitement les nouvelles règles. Mais tu as tellement peur de mal faire que tu en fais un peu trop. Un conseil : détends-toi !

▲ Tu ne fais pas beaucoup d'efforts pour adopter les codes du collège. Pire, tu cherches à les contourner. Attention, ça risque de te jouer de mauvais tours !

LA 6e, C'EST *tout* BON

Plus que quinze jours avant la rentrée ! Rien ne sert de courir, il faut partir à point. Suis ces étapes les unes après les autres. Top départ !

J-15 LE *BON* RANGEMENT

Fais un max de tri dans ta chambre car tu vas avoir besoin de place pour installer tes livres et cahiers. Les jouets « de bébé » ou les pantalons trop courts, du balai !

J-10 LE *BON* TIMING

Les grasses mat', c'est fini ! Reprends l'habitude de te coucher tôt pour avoir tes dix heures de sommeil.

J-8 LES *BONS* NEURONES

Quand on te dit « fraction décimale », « suffixe » ou « méridien », c'est le trou noir ? Replonge-toi dans tes cahiers de CM2. Courage !

J-7 LE *BON* LOOK

À une semaine de la rentrée, offre-toi un nouveau jean. Motivant !

J-3 LA *BONNE* VOIE

Repère le chemin pour aller au collège, surtout si tu dois utiliser les transports en commun. Fais le premier trajet avec un adulte et un second tout seul. Si tu prends un bus scolaire, repère l'arrêt auquel tu dois te rendre. Et note bien l'heure !

J-2 LE *BON* MATÉRIEL

Vérifie que ta trousse contient plusieurs stylos, un crayon à papier, une gomme, une règle, une paire de ciseaux, un bâton de colle. Un collégien bien équipé est un collégien avantagé !

J-1 DU *BON* TEMPS

La veille, pimente ta journée d'activités qui rappellent les vacances : un ciné, une partie de foot, une après-midi lecture. Relax !

ET DANS 4 ans, TU SERAS UN lycéen

D'ici là, tu as trois nouvelles étapes à franchir. Profite bien de tes années collège pour arriver au top en 2nde !

En 5e

A COMME ASSR :

Tu passes le premier niveau de l'attestation scolaire de sécurité routière. Indispensable pour obtenir ton permis de conduire dans quelques années. Sérieux !

P COMME PHYSIQUE-CHIMIE :

Pipettes et tubes à essai sont au programme de cette nouvelle matière. Tu fais des expériences avec l'eau, la lumière et l'électricité. Excitant !

L COMME LATIN :

Proposée en option, cette langue dite « morte » est à l'origine de nombreuses langues européennes, dont le français. L'étudier te fera progresser en orthographe et en grammaire. À condition que tu t'engages à la suivre sérieusement. C'est 3 heures de cours en plus !

P COMME PIIODMEP :

Tu démarres ton « parcours individuel d'information, d'orientation et de découverte du monde économique et professionnel » en interviewant un pro sur son métier.

En 4e

L COMME LV2 :

Tu commences l'apprentissage d'une deuxième langue vivante. Veille à ne pas laisser tomber la première !

En 3e

B COMME BREVETS :

En plus du diplôme national du brevet (DNB), tu passes le brevet informatique et Internet (B2i). Dernière ligne droite avant le lycée !

S COMME STAGE D'OBSERVATION :

Tu passes une semaine dans une entreprise. Candidate dès le début de l'année scolaire, les places sont chères !

O COMME ORIENTATION :

Dès le deuxième trimestre, tu indiques sur une fiche « navette » ce que tu aimerais faire au lycée. Eh oui, déjà !

La 6e, c'est (presque) derrière toi !

Quelques semaines se sont écoulées. Tu as sans doute trouvé ta vitesse de croisière. Voici quelques témoignages de ceux qui sont aussi passés par là. Verdict : ce n'est pas si terrible !

Du jour au lendemain, j'ai été responsable des clés de la maison, du badge de la cantine, de la carte de transport… J'ai trouvé une méthode infaillible pour ne rien oublier : dès que mes devoirs sont finis, je fais mon sac pour le lendemain.

Mathilde

Je passe beaucoup plus de temps à la maison. Ma mère n'aime pas me voir sans rien faire. J'ai beau lui dire que j'ai besoin de décompresser, elle veut tout le temps que je révise !

Luna

Au collège, il y a toujours plein de monde dans les couloirs. Au bout d'un moment, je n'ai plus hésité à me faufiler entre les élèves.

Nina

À la récré, on ne joue plus au foot ou à chat. Avec ma bande, on s'assied sur un banc et on se met à parler... comme nos parents, de la politique, du chômage.

Théo

Quand je rentre, je fais d'abord mes devoirs. Je téléphone ensuite à mes amies avec mon portable. J'arrive à bien gérer mon temps et je ne me considère plus comme une petite fille. Seul mon père a du mal à me voir grandir !

Anna

Les premiers jours, je me sentais un peu perdue parce que mes amies n'étaient pas dans la même classe que moi. Je me suis inscrite au club théâtre et j'ai vite fait connaissance avec de nouveaux élèves.

Céleste

Achevé d'imprimer en France en septembre 2015 - L73827.